यं

Der Erfolg steht vor der Tür! Ich gehe mutig vorwärts, trotz scheinbarer Rückschläge, Enttäuschungen und Schwierigkeiten. Jetzt erhalte ich mächtige Unterstützung aus den unsichtbaren Reichen. Mein Höchstes Selbst führt mich sicher und weise einem großen wunderbaren endgültigen Erfolg entgegen.

यं
कं
खं
गं
घं
ङं
चं
छं
जं
झं
ञं
टं
ठं

Wann immer sich mir eine Tür verschließt, wird sich eine neue großartigere vor mir öffnen. Jetzt führt mich die Göttliche Weisheit durch positive Veränderungen zu meinem Allerbesten. Ich bleibe offen und empfänglich für ihre Botschaften. Ich überlasse mich dem Fluß des Lebens, weil ich weiß, daß mich Gott führt – jetzt und für immer.

यं
कं
खं
गं
घं
ङं
चं
छं
जं
झं
ञं
टं
ठं

Ich nehme mich nicht mehr so ernst. Ich lasse allen Eigendünkel und alle Lebensdramen los. Durch Einfachheit, Humor, Lachen und Spielen offenbaren sich mir wieder die Freude, die Leichtigkeit und der Zauber des Lebens.

यं
कं
खं
गं
घं
ङं
चं
छं
जं
झं
ञं
टं
ठं

Eine Zeit neuer Kraft und Freiheit ist für mich angebrochen. Ich lausche meiner inneren Stimme, damit ich der Welt in Einfachheit, Unabhängigkeit und Freude meinen wahren und großen Beitrag leisten kann.

कं
खं
गं
घं
ङं
चं
छं
जं
झं
ञं
टं
ठं
यं

Ich befreie meinen Geist von Kritiksucht und allen negativen Urteilen. Meiner Seele entströmt jetzt bedingungslose Liebe, die alle Situationen mit ihrem Licht erhellt. Ich öffne mein Herz und zeige Achtung, Toleranz, Demut und Sanftmut gegenüber allen Wesen und allen Dingen.

Um Überfluß zu manifestieren und das tiefste Verlangen meiner Seele zu erfüllen, lasse ich jetzt alle feindseligen, ablehnenden, tadelnden und verärgerten Gefühle mir und anderen gegenüber los. Ich beschließe, jeden Augenblick freudig, unabhängig, humorvoll und liebevoll zu leben. Ich feiere mein Leben.

यं
कं
खं
गं
घं
ङं
चं
छं
जं
झं
ञं
टं
ठं

Es besteht kein Grund zur Eile. Das Gesetz von Gleichgewicht und Harmonie schafft Ordnung in dieser schwierigen Situation. Ich bleibe ruhig und zuversichtlich, denn das Gute, das ich verdiene, erreicht mich zum richtigen Zeitpunkt.

यं
कं
खं
गं
घं
ङं
चं
छं
जं
झं
ञं
टं
ठं

Ich achte und liebe das Licht in jedem Menschen. Dadurch erlaube ich meinen Mitmenschen, das Beste und Höchste ihres Wesens zu offenbaren. Wir geben einander gegenseitig Kraft, um eine Welt des Überflusses, der Schönheit und Harmonie zu erschaffen.

यं
कं
खं
गं
घं
ङं
चं
छं
जं
झं
ञं
टं
ठं

Ich weiß, daß der Friede auf Erden mit meinem eigenen inneren Frieden beginnt. Ich befreie mich von allen negativen Vorstellungen, die ich über mich selbst und andere haben mag. Ich entdecke die Reinheit, die Einfachheit und die Kraft des göttlichen Kindes in mir wieder neu.

Ich konzentriere mich auf Überfluß, Gesundheit, Schönheit, Freude und Erfolg.

Ich halte mich fern von negativen Menschen. Ich wähle sorgfältig aus, mit wem ich meine Zeit verbringe. Ich gebe alle überflüssigen Aktivitäten, Verbindungen und Beziehungen auf.

Ich umgebe mich mit Menschen, die erfolgreich und großzügig sind, die eine positive Haltung zeigen, meinen Weg achten und mir durch ihr eigenes Licht Kraft geben.

यं
कं
खं
गं
घं
ङं
चं
छं
जं
झं
ञं
टं
ठं

Jetzt stelle ich mich mutig Menschen und Situationen.

Ich drücke mich freimütig aus und löse alle Konflikte offen und ausgeglichen zum Wohle aller.

In Liebe, voller Verständnis und Achtung für andere und für mich bejahe und verwirkliche ich die Kraft meines Höchsten Selbst.

Jetzt verpflichte ich mich, ein erfülltes, diszipliniertes und bewußtes Leben zu führen. Ich stelle mich dieser Herausforderung! Dank dieser Verpflichtung offenbart sich mir mein Lebensweg. Meine innere Kraft erwacht, und ich erfülle mein Schicksal.

यं
कं
खं
गं
घं
ङं
चं
छं
जं
झं
ञं
टं
ठं

Ich nehme die aktuellen Herausforderungen meines Lebens voll und ganz an. Ich sorge mich nicht mehr um Schwierigkeiten, da ich weiß, daß sie mir Gelegenheit bieten, in Liebe und Weisheit zu wachsen. Indem ich die Realität akzeptiere und gleichzeitig nach meiner inneren Wahrheit handle, öffne ich leicht die Tür zu wunderbaren Veränderungen und unerwarteten Erfolgen.

यं
कं
खं
गं
घं
ङं
चं
छं
जं
झं
ञं
टं
ठं

Neue, wunderbare Möglichkeiten tun sich für mein Liebesleben auf. Die Zeit ist gekommen, wo ich mich an einer gesunden, schöpferischen und unterstützenden Beziehung erfreuen darf. Dies ist die Zeit göttlicher Erfüllung!

ठं
कं
टं
खं
ञं
गं
यं
झं
घं
जं
ङं
छं
चं

Ich will nicht in diesem Zustand bleiben! Jetzt wirken die heilenden Kräfte des Universums zu meinem Allerbesten. Ich öffne mein Herz der göttlichen Liebe, folge meiner inneren Stimme, und ganz natürlich und leicht stellen sich große Erfolge in meinem Leben ein.

यं
कं
खं
गं
घं
ङं
चं
छं
जं
झं
ञं
टं
ठं

Ich sorge mich nicht mehr um meine persönlichen Probleme. Ich erkenne, daß sie mir die Möglichkeit zum Wachsen bieten. Ich weiß, daß mich mein Höchstes Selbst in seiner göttlichen Weisheit Schritt für Schritt durch alle Erfahrungen führt, die ich brauche, um mein gesamtes Potential zu verwirklichen. Jetzt schreite ich zur Tat und erschaffe mir bewußt ein Leben voller Liebe, Kreativität und Teilen. Das ist die wahre Quelle meines Glücks.

यं
कं
खं
गं
घं
ङं
चं
छं
जं
झं
ञं
टं
ठं

JETZT ist die Zeit, entschlossen zu handeln.

Ich lasse meine Vergangenheit los und errichte mein Leben auf vollkommen neuen Fundamenten. Das Licht meiner Seele führt mich auf neuen Wegen zu neuen Entdeckungen, die meinem Allerbesten dienen.

यं
कं
खं
गं
घं
ङं
चं
छं
जं
झं
ञं
टं
ठं

Ich beschließe jetzt, alles gleich auszusprechen, was mir am Herzen liegt. Ich befreie meinen Geist von allen einschränkenden Gedanken und versöhne mich mit mir und meinen Mitmenschen. Ich kümmere mich nicht mehr darum, was andere Menschen denken mögen. Ich weiß, daß mich das Universum liebt und unterstützt.

Jetzt ist die Zeit, die Wünsche meines Höchsten Selbst vollständig zu verwirklichen. Ich erreiche eine neue Bewußtseinsebene, die mich mit neuen Einsichten und tatkräftiger Energie versorgt. Verschlossene Türen öffnen sich mir jetzt. Wunder geschehen. Ein Erfolg nach dem anderen ereignet sich nach dem göttlichen Plan meines Lebens.

यं
ठं
कं
खं
गं
घं
ङं
चं
छं
जं
झं
ञं
टं

Ich lasse meine alten Gewohnheiten vollständig los. Ich nutze diese Gelegenheit, um mein Leben von Grund auf zu ändern. Dabei unterstützt mich Gott vollkommen, und mein Leben öffnet sich neuen Dimensionen von Freiheit, Liebe und Glück.

यं
कं
खं
गं
घं
ङं
चं
छं
जं
झं
ञं
टं
ठं

JETZT wage ich! Ich bin von Gott geführt. Ich nehme alle notwendigen Risiken auf mich, um meine höchsten Träume zu verwirklichen.

यं
कं
खं
गं
घं
ङं
चं
छं
जं
झं
ञं
टं
ठं

Jede unbefriedigende Beziehung in meinem Leben ist da, um mir zu zeigen, daß wir es nicht geschafft haben, mit gewöhnlichen Mitteln zu kommunizieren. Ich bitte mein Höchstes Selbst, sich dieser Situation liebevoll und weise anzunehmen. Ich muß mich nicht länger damit befassen. Ich weiß, daß göttliche Energie am Werke ist, und alles klärt sich leicht, rasch und zum höchsten Wohle aller.

यं
कं
खं
गं
घं
ङं
चं
छं
जं
झं
ञं
टं
ठं

Trotz Schwierigkeiten und Mißgeschicke verfolge ich stark und mutig meinen Weg. Mein Höchstes Selbst führt mich sicher, und die Schwierigkeiten lösen sich eine nach der anderen auf. Ich bin dabei, mir all meine Herzenswünsche zu erfüllen. Jetzt bricht die Zeit großer Erfolge für mich an.

Ich sehe das göttliche Selbst in jedem. Ich verzichte auf Urteile. Ich bin empfänglich für das Höchste und Beste in allen. Ich liebe und achte jeden als Manifestation des göttlichen Willens auf der Erde.

यं
कं
खं
गं
घं
ङं
चं
छं
जं
झं
ञं
टं
ठं

Ich verlasse mich auf alle meine göttlichen Fähigkeiten. Ich kann Großes leisten. In Übereinstimmung mit dem Willen meines Höchsten Selbst erreiche ich meine Ziele von jetzt an mit Leichtigkeit zum höchsten Wohle aller

यं
कं
खं
गं
घं
ङं
चं
छं
जं
झं
ञं
टं
ठं

Demut waltet jetzt in meinem Herzen und öffnet mir die Tore der Weisheit, der wahren Kraft und des Friedens.

Jetzt lasse ich die Liebe, den Frieden und die Einfachheit meiner Seele hindurchschimmern.

यं
कं
खं
गं
घं
ङं
चं
छं
जं
झं
ञं
टं
ठं

Jetzt verbinde ich mich mit meinem inneren Frieden und lasse ihn zu all meinen Mitmenschen strömen. Ich lösche alle negativen Urteile aus meinen Gedanken. Aus meinem Herzen heraus kommuniziere und diene ich liebevoll und friedlich.

यं
कं
खं
गं
घं
ङं
चं
छं
जं
झं
ञं
टं
ठं

Ich verpflichte mich jetzt vollkommen der Manifestation meines Höchsten Selbst.

Nichts kann mich mehr aufhalten! Ich trete jeder Herausforderung mit Stärke und Mut entgegen.

Gottes machtvolles Licht und seine Liebe unterstützen mich bei allen Handlungen, und Göttliche Resultate erscheinen jetzt in meinem Leben.

यं
कं
खं
गं
घं
ङं
चं
छं
जं
झं
ञं
टं
ठं

Mein Leben und meine Arbeit stehen kurz vor der Verwirklichung ihrer göttlichen Bestimmung. Ganz natürlich offenbart sich in meinem Leben jetzt ein Überfluß an Liebe, Schönheit und Kraft. Ich teile diese Gaben, indem ich anderen freudig diene.

कं
खं
गं
घं
ङं
चं
छं
जं
झं
ञं
टं
ठं
यं

Jetzt nehme ich mir Zeit, mich nach innen zu wenden, um mein eigenes friedvolles, harmonisches Zentrum zu finden. Ich lasse die Bindungen, Illusionen und Aufregungen der gewöhnlichen Welt los. Mit den Augen meiner Seele betrachte ich die Welt weise, ruhig, ungebunden und liebevoll. Dies erlaubt mir, zu wachsen und in all meinem Tun Freude und Freiheit zu finden.

यं
कं
खं
गं
घं
ङं
चं
छं
जं
झं
ञं
टं
ठं

Jetzt gebe ich freudig die reine Liebe und die Weisheit meines Höchsten Selbst an meine Freunde und die Menschheit weiter. Ich bin eins mit der Göttlichen Liebe.

यं
कं
खं
गं
घं
ङं
चं
छं
जं
झं
ञं
टं
ठं

Niemand tadelt mich, weder ich mich selbst noch andere. Die Negativität verschwindet aus meiner Welt. Ich bin von liebevollen und hilfreichen Menschen umgeben. Vollkommene Harmonie herrscht jetzt in meinem Leben, und deshalb kann ich das Beste in mir frei und vollständig zum Ausdruck bringen.

कं
खं
गं
घं
ङं
चं
छं
जं
झं
ञं
टं
ठं
यं

Ich habe nichts zu fürchten. Gottes Liebe und Weisheit handeln in dieser Situation und tragen wunderbare Früchte.

कं
खं
गं
घं
ङं
चं
छं
जं
झं
ञं
टं
ठं
यं

Alles, was nicht meinem Allerbesten dient, verschwindet in diesem Augenblick aus meinem Leben. Ich halte nicht mehr daran fest. Jetzt kann ich den Willen, die Liebe und die Freude meines Höchsten Selbst in allen meinen Handlungen vollkommen ausdrücken.

Mein Lebensweg ist strahlend und frei.

यं

Jetzt entfaltet sich der göttliche Plan nach dem Willen meines Höchsten Selbst Schritt für Schritt in meinem Leben. Ich bin für jeden dieser Schritte dankbar, denn ich weiß, daß sie mich liebevoll und weise der vollkommenen Verwirklichung meiner Lebensaufgabe entgegenführen. Gott wünscht jetzt und in alle Ewigkeit nur das Allerbeste für mich.

कं
खं
गं
घं
ङं
चं
छं
जं
झं
ञं
टं
ठं
यं

Ich lebe ganz im Hier und Jetzt. Ich höre auf, mich wegen der Zukunft zu sorgen und die Vergangenheit zu bedauern. Ich weiß, daß mein Höchstes Selbst immer da ist, um mich weise und liebevoll zu führen. Ich preise die Gegenwart, und meine Zukunft entfaltet sich selbstverständlich zu meinem Allerbesten.

यं
कं
खं
गं
घं
ङं
चं
छं
जं
झं
ञं
टं
ठं

Ich bringe die göttliche Liebe meines Höchsten Selbst in jedem Augenblick meines Lebens zum Ausdruck. Je mehr ich sie offenbare, um so stärker kehrt sie zu mir zurück.

Ich lasse meine Vergangenheit und die Vergangenheit meiner Nächsten los. Ich vergebe vollkommen und bedingungslos. Von jetzt an und für alle Zeit trenne ich mich von allen Lebensdramen. Mein Leben ist unter allen Umständen von Spiel, Humor und Freude erfüllt. Ich nutze jeden Augenblick, um das Leben zu feiern.

यं
कं
खं
गं
घं
ङं
चं
छं
जं
झं
ञं
टं
ठं

Das Leben auf diesem Planeten ist ein Privileg, und ich weiß, daß ich meinen Beitrag dazu leisten kann. Ich vertraue meinen höchsten Fähigkeiten. Ich lasse alle Zweifel und Ängste los. Ich wage es, mich vollständig zum Ausdruck zu bringen und gebe der Welt mein Bestes durch bedingungslose Liebe und freudiges Dienen.

यं
कं
खं
गं
घं
ङं
चं
छं
जं
झं
ञं
टं
ठं

Das Universum wird vom göttlichen Gesetz der Liebe, der Gerechtigkeit und Freiheit regiert. Dieses Gesetz arbeitet jetzt für mich. Kein Mensch und keine Situation kann mich davon abhalten, mein Allerbestes zu erreichen. Ich vertraue Gottes unendlicher Weisheit, daß alles besser ausgeht, als ich es mir hätte vorstellen können. Jetzt lösen sich alle Probleme vollkommen von selbst.

यं
कं
खं
गं
घं
ङं
चं
छं
जं
झं
ञं
टं
ठं

Es ist keine Zeit zu verlieren. Jetzt handle ich mit Energie und Bestimmtheit.

यं
कं
खं
गं
घं
ङं
चं
छं
जं
झं
ञं
टं
ठं

Ich vergebe uneingeschränkt. Ich wünsche niemandem Böses, noch nicht einmal in Gedanken. Ich gebe jede Abneigung und alle Urteile vollständig auf. Dank der ewigen Liebe und Weisheit des Universums erfährt diese Situation göttliche Heilung. Jetzt herrscht Friede in mir und um mich herum.

कं
खं
गं
घं
ङं
चं
छं
जं
झं
ञं
टं
ठं
यं

Je länger es dauert, bis ich meine ersehnten Ziele erreiche, desto herrlicher werden sie sein, wenn ich diesen Aufschub in Frieden und Vertrauen annehme. Heiter vertraue ich Gottes intelligentem und freundlichem Handeln.

यं
कं
खं
गं
घं
ङं
चं
छं
जं
झं
ञं
टं
ठं

Wenn ich durchhalte und an meinen letztendlichen Erfolg glaube, kann mich keine Macht der Erde daran hindern, ihn zu erreichen. Gott schützt und unterstützt mich vollständig bei all meinen Bemühungen.

यं
कं
खं
गं
घं
ङं
चं
छं
जं
झं
ञं
टं
ठं

Ich folge meiner Intuition. Ich brauche nicht mehr zu kämpfen, nicht einmal in Gedanken, um diese Situation zu verbessern und meine Ziele zu erreichen. Ich folge der Führung meines Höchsten Selbst, und das Gute, das ich mir wünsche, ist nahe und leicht zu erreichen.

कं
खं
गं
घं
ङं
चं
छं
जं
झं
ञं
टं
ठं
यं

Ich gebe alle Vorurteile auf. Ich betrachte das Leben und andere Menschen in einer neuen, ausgeglichenen, offenen und annehmenden Weise. Gott führt mich in Harmonie und rechtes Urteilen.

यं
कं
खं
गं
घं
ङं
चं
छं
जं
झं
ञं
टं
ठं

Jetzt entwickle ich meine Willenskraft. Ich verbinde diese Kraft mit den besten Eigenschaften meines Herzens und drücke durch jede meiner Handlungen den Willen Gottes auf der Erde aus.

यं
कं
खं
गं
घं
ङं
चं
छं
जं
झं
ञं
टं
ठं

Jetzt verschwindet alle Negativität aus meiner Welt. Nichts kann mich mehr schrecken, denn durch das Licht meines Höchsten Selbst bin ich vollkommen geschützt. Ich bin in Sicherheit, und alles wird gut.

यं
कं
खं
गं
घं
ङं
चं
छं
जं
झं
ञं
टं
ठं

Ich weiß, daß ich meine Wirklichkeit selbst erschaffe und daß ich über genügend Kraft verfüge, um mir ein vollkommen befriedigendes Leben zu schaffen. Ich höre auf, andere Menschen oder äußere Umstände für meine Schwierigkeiten verantwortlich zu machen. Gottes liebevolle Unterstützung hilft mir, mich auf meine schöpferische Kraft einzustimmen, und ich bringe Freude und Licht in mein Leben und das Leben meiner Mitmenschen.

यं
कं
खं
गं
घं
ङं
चं
छं
जं
झं
ञं
टं
ठं

Ich halte inne und beruhige mich. In Ruhe und Frieden nehme ich mir die Zeit, die Schönheit meiner Umwelt und meiner Seele zu würdigen. Ich lausche den Botschaften der Natur und der Musik des Universums. In diesem friedlichen Raum begegne ich meinem Höchsten Selbst, das mich sanft der Erfüllung meines Schicksals entgegenführt.

यं
कं
खं
गं
घं
ङं
चं
छं
जं
झं
ञं
टं
ठं

In meinem Geist und meinem Herzen walten jetzt Geduld und Heiterkeit. Ich vertraue der göttlichen Weisheit, der Quelle aller Dinge. Ich bleibe ruhig und friedvoll. Ich liebe und achte jeden und alles um mich her als Ausdruck der Vollkommenheit des Universums.

यं
कं
खं
गं
घं
ङं
चं
छं
जं
झं
ञं
टं
ठं

Ich erlebe eine Periode göttlicher Vollendung. Jetzt öffnen sich verschlossene Türen. Alles, was ich beginne, führt in Übereinstimmung mit dem, was mir in diesem Leben möglich ist, zum Erfolg. Ich preise den Überfluß und die Freundlichkeit des Universums!

कं
खं
गं
घं
ङं
चं
छं
जं
झं
ञं
टं
ठं
यं

Jetzt bin ich bereit, ein starkes, mutiges Leben zu führen, das ich der vollständigen Manifestation des göttlichen Plans auf der Erde widme. Keine Aufgabe ist mir zu schwer, keine Angst kann mich aufhalten. Ich schreite kraftvoll und begeistert voran, denn Gott ist mit mir und unterstützt alle meine Aktivitäten.

यं
कं
खं
गं
घं
ङं
चं
छं
जं
झं
ञं
टं
ठं

Die göttliche Lösung ist die einzige Lösung. Ich vertraue meiner Intuition. Ich bleibe offen und beruhige meinen Geist. Die göttliche Lösung offenbart sich mir jetzt in aller Klarheit durch meine inneren Sinne, aber auch durch Menschen und durch Situationen. Dies erkenne ich dankbar an und handle vertrauensvoll danach.